Cocina vegana - 30 Recetas de postres venganos

Recetas Veganas - Cocina vegana, Volume 1

BDM

Published by BDM, 2023.

While every precaution has been taken in the preparation of this book, the publisher assumes no responsibility for errors or omissions, or for damages resulting from the use of the information contained herein.

COCINA VEGANA - 30 RECETAS DE POSTRES VENGANOS

First edition. October 9, 2023.

Copyright © 2023 BDM.

ISBN: 979-8227425089

Written by BDM.

30 RECETAS DE

POSTRES

VEGANOS

Introducción

Bienvenidos a "30 Recetas Veganas de Postres", un viaje dulce y delicioso hacia el mundo de los postres libres de ingredientes de origen animal. Este libro ha sido creado especialmente para aquellos que buscan satisfacer su gusto por lo dulce mientras siguen una dieta vegana o simplemente desean explorar nuevas opciones culinarias.

La cocina vegana es mucho más que ensaladas y frutas; es una oportunidad para experimentar con una amplia variedad de sabores, texturas y ingredientes naturales que pueden transformarse en postres tan deliciosos como cualquier otra creación culinaria. En las páginas que siguen, descubrirás un surtido de recetas que abarcan desde clásicos reinventados hasta creaciones innovadoras que sorprenderán y deleitarán tu paladar.

Cada receta ha sido cuidadosamente seleccionada y probada para garantizar que el resultado final sea no solo delicioso, sino también saludable y respetuoso con el medio ambiente. Además, hemos incluido consejos de cocina útiles y datos nutricionales para ayudarte a comprender mejor el valor nutricional de cada delicia y perfeccionar tus habilidades culinarias.

Así que, si estás listo para sumergirte en el mundo de los postres veganos, te invitamos a que te unas a nosotros en este emocionante viaje gastronómico. ¡Vamos a hornear, mezclar y disfrutar de estas 30 deliciosas creaciones veganas juntos!

Prepárate para satisfacer tus antojos más dulces mientras exploras un universo de sabores, texturas y creatividad culinaria. ¡Comencemos!

Brownies Veganos de Chocolate

Porciones: 12 brownies

   Ingredientes:
   - 1 taza de harina de trigo integral
   - 1/2 taza de cacao en polvo sin azúcar
   - 1/2 cucharadita de polvo de hornear
   - 1/2 cucharadita de sal
   - 1/2 taza de azúcar moreno
   - 1/4 taza de azúcar blanca
   - 1/2 taza de puré de manzana sin azúcar
   - 1/4 taza de aceite vegetal (como aceite de coco derretido o aceite de cártamo)
   - 1 cucharadita de extracto de vainilla
   - 1/2 taza de chispas de chocolate semiamargo veganas

   Instrucciones:
   1. Precalienta el horno a 180°C (350°F). Engrasa y forra un molde cuadrado de 20x20 cm con papel pergamino.

2. En un tazón grande, mezcla la harina, el cacao en polvo, el polvo de hornear y la sal.

3. En otro tazón, combina el azúcar moreno, el azúcar blanco, el puré de manzana, el aceite vegetal y el extracto de vainilla. Mezcla bien hasta que los ingredientes estén completamente incorporados.

4. Vierte la mezcla húmeda sobre los ingredientes secos y revuelve hasta obtener una masa homogénea. No mezcles en exceso.

5. Agrega las chispas de chocolate y mezcla suavemente.

6. Vierte la masa en el molde preparado y extiéndela de manera uniforme.

7. Hornea en el horno precalentado durante 20-25 minutos, o hasta que un palillo insertado en el centro salga con migajas húmedas (los brownies continuarán cocinándose un poco después de sacarlos del horno debido al calor residual).

8. Deja enfriar completamente en el molde sobre una rejilla antes de cortar en cuadrados.

Tips de Cocina:

- Puedes agregar nueces picadas o nueces de macadamia a la mezcla para darle un toque crujiente y sabor adicional.

- Para obtener un sabor aún más intenso a chocolate, puedes añadir una cucharada de café instantáneo en polvo a la mezcla seca.

- Asegúrate de no sobrehornear los brownies, ya que deben quedar húmedos en el centro para obtener la textura perfecta.

Contenido Nutricional (por brownie aproximadamente):

- Calorías: 175 kcal

- Grasa: 8g

- Carbohidratos: 25g

- Fibra: 3g

- Proteína: 2g

Estos brownies veganos son deliciosos y satisfarán tu antojo de chocolate sin utilizar ingredientes de origen animal. ¡Disfrútalos!

Tarta de Manzana Sin Lácteos

Porciones: 8 porciones

Ingredientes:

Para la Masa:

- 1 1/2 tazas de harina de trigo

- 1/4 de taza de azúcar

- 1/2 taza de margarina vegana fría (sin lácteos)

- 3-4 cucharadas de agua fría

Para el Relleno:

- 4 manzanas grandes, peladas, desinfectadas y en rodajas finas

- 1/4 de taza de azúcar moreno

- 1 cucharadita de canela molida

- Jugo de medio limón

- 2 cucharadas de mermelada de albaricoque sin azúcar (para el brillo)

Instrucciones:

Para la Masa:

1. En un tazón grande, combina la harina y el azúcar.

2. Agrega la margarina vegana fría en cubos pequeños a la mezcla de harina y azúcar.

3. Con un tenedor o una paleta de repostería, trabaja la margarina en la harina hasta que la mezcla se asemeje a migajas gruesas.

4. Agrega agua fría, cucharada por cucharada, hasta que la masa se pueda formar en una bola. No agregues demasiada agua; la masa debe ser lo suficientemente firme.

5. Envuelve la masa en papel film y refrigérala durante al menos 30 minutos.

Para el Relleno:

6. En un tazón grande, mezcla las rodajas de manzana con el azúcar moreno, la canela y el jugo de limón.

7. Estira la masa en un círculo grande y forra un molde para tarta previamente engrasado con ella.

8. Coloca las rodajas de manzana en el molde para tarta, distribuyéndolas de manera uniforme.

9. Hornea en un horno precalentado a 180°C (350°F) durante 30-35 minutos, o hasta que la masa esté dorada y las manzanas estén tiernas.

10. Calienta la mermelada de albaricoque en el microondas durante unos segundos y luego pincela suavemente sobre las manzanas para darles brillo.

11. Deja enfriar antes de servir. Puedes servirlo solo o con helado vegano.

Tips de Cocina:

- Puedes agregar nueces picadas o pasas al relleno para darle un toque extra de sabor y textura.

- Asegúrate de refrigerar la masa antes de estirarla, ya que esto ayudará a que sea más fácil de manejar y evitará que se encoja al hornearla.

Contenido Nutricional (por porción aproximadamente):

- Calorías: 250 kcal
- Grasa: 11g
- Carbohidratos: 36g
- Fibra: 3g
- Proteína: 2g

Esta tarta de manzana sin lácteos es un postre delicioso y perfecto para satisfacer tus antojos de manera vegana. ¡Disfruta de cada bocado!

Helado Vegano de Fresa

Porciones: 4 porciones

Ingredientes:

- 2 tazas de fresas frescas o congeladas (sin azúcar añadido)

- 1 lata (14 onzas) de leche de coco enlatada, refrigerada durante la noche

- 1/2 taza de azúcar de coco o azúcar de caña

- 1 cucharadita de extracto de vainilla

- Una pizca de sal

Instrucciones:

1. Congela el tazón de la máquina de helado según las instrucciones del fabricante.

2. En una licuadora, mezcla las fresas, la leche de coco (solo la parte sólida de la lata), el azúcar de coco, el extracto de vainilla y la pizca de sal. Mezcla hasta que obtengas una mezcla suave y homogénea.

3. Refrigera esta mezcla durante aproximadamente 30 minutos para que esté bien fría antes de ponerla en la máquina de helado.

4. Sigue las instrucciones de tu máquina de helado para verter la mezcla y procesarla hasta obtener una consistencia suave y cremosa.

5. Sirve inmediatamente para disfrutar de un helado suave o transfiere el helado a un recipiente hermético y colócalo en el congelador durante unas horas para obtener una textura más firme.

Tips de Cocina:

- Puedes ajustar la cantidad de azúcar según tu preferencia personal. Si deseas un helado menos dulce, puedes reducir la cantidad de azúcar.

- Puedes añadir trozos de fresas frescas o chispas de chocolate vegano al helado antes de congelarlo para darle un toque adicional de sabor y textura.

Contenido Nutricional (por porción aproximadamente):

- Calorías: 280 kcal
- Grasa: 17g
- Carbohidratos: 30g
- Fibra: 4g
- Proteína: 2g

Este helado vegano de fresa es una deliciosa opción libre de productos lácteos para disfrutar en los días calurosos o como postre. ¡Disfruta de su sabor refrescante!

Galletas de Avena y Pasas Veganas

Porciones: 24 galletas

Ingredientes:

- 1 1/2 tazas de avena
- 1 taza de harina de trigo integral
- 1/2 cucharadita de bicarbonato de sodio
- 1/2 cucharadita de canela molida
- 1/4 de cucharadita de sal
- 1/2 taza de pasas
- 1/2 taza de azúcar moreno
- 1/4 de taza de aceite de coco derretido (u otro aceite vegetal)
- 1/4 de taza de leche de almendras (u otra leche vegetal)
- 1 cucharadita de extracto de vainilla

Instrucciones:

1. Precalienta el horno a 180°C (350°F). Engrasa o forra una bandeja para hornear con papel pergamino.

2. En un tazón grande, combina la avena, la harina de trigo integral, el bicarbonato de sodio, la canela y la sal.

3. Agrega las pasas a la mezcla de ingredientes secos y revuelve para distribuirlas de manera uniforme.

4. En otro tazón, mezcla el azúcar moreno, el aceite de coco derretido, la leche de almendras y el extracto de vainilla hasta que los ingredientes estén bien combinados.

5. Vierte la mezcla húmeda sobre los ingredientes secos y revuelve hasta obtener una masa homogénea. No mezcles en exceso.

6. Con una cuchara para helado o dos cucharas, coloca montones de masa en la bandeja para hornear, dejando suficiente espacio entre ellos para que las galletas se expandan mientras se hornean.

7. Aplana cada montón de masa ligeramente con la parte posterior de una cuchara.

8. Hornea en el horno precalentado durante 10-12 minutos, o hasta que los bordes de las galletas estén dorados.

9. Retira las galletas del horno y déjalas enfriar en la bandeja durante unos minutos antes de transferirlas a una rejilla para que se enfríen completamente.

Tips de Cocina:

- Puedes sustituir las pasas por chispas de chocolate vegano si lo prefieres.

- Asegúrate de no hornearlas en exceso, ya que seguirán cocinándose un poco después de sacarlas del horno debido al calor residual.

Contenido Nutricional (por galleta aproximadamente):

- Calorías: 90 kcal

- Grasa: 3.5g

- Carbohidratos: 13g

- Fibra: 1.5g

- Proteína: 1g

Estas galletas de avena y pasas veganas son un bocadillo delicioso y saludable para disfrutar en cualquier momento del día. ¡Espero que las disfrutes!

Cheesecake Vegano de Frutos Rojos

Porciones: 8 porciones

Ingredientes:

Para la Base:

- 1 1/2 tazas de galletas veganas trituradas (como galletas de avena o galletas de almendra)

- 1/4 de taza de margarina vegana derretida

Para el Relleno:

- 2 tazas de anacardos crudos, remojados en agua caliente durante 2 horas y luego escurridos

- 1/2 taza de leche de almendras (u otra leche vegetal)

- 1/2 taza de jarabe de arce o sirope de agave

- 1/4 de taza de jugo de limón fresco

- 1 cucharadita de extracto de vainilla

- 1/2 taza de frutos rojos mixtos (fresas, frambuesas, arándanos) frescos o congelados

- Una pizca de sal

Para la Cobertura de Frutos Rojos:

- 1 taza de frutos rojos mixtos (fresas, frambuesas, arándanos)

- 2 cucharadas de jarabe de arce o sirope de agave

Instrucciones:

Para la Base:

1. En un procesador de alimentos, tritura las galletas veganas hasta que se conviertan en migajas finas.

2. En un tazón, mezcla las migajas de galletas trituradas con la margarina vegana derretida hasta que obtengas una mezcla húmeda y compacta.

3. Presiona esta mezcla en el fondo de un molde desmontable para tarta (aproximadamente de 8 a 9 pulgadas de diámetro) para formar la base de tu cheesecake. Refrigera mientras preparas el relleno.

Para el Relleno:

4. En una licuadora potente, mezcla los anacardos escurridos, la leche de almendras, el jarabe de arce, el jugo de limón, el extracto de vainilla y una pizca de sal hasta que la mezcla esté suave y cremosa.

5. Agrega los frutos rojos mixtos y mezcla nuevamente hasta que estén completamente incorporados en la mezcla.

6. Vierte la mezcla de relleno sobre la base de galletas en el molde.

Para la Cobertura de Frutos Rojos:

7. En una licuadora, mezcla los frutos rojos mixtos y el jarabe de arce (o sirope de agave) hasta obtener una salsa suave.

8. Vierte la cobertura de frutos rojos sobre el relleno del cheesecake en el molde y usa un cuchillo o palillo para hacer remolinos decorativos.

9. Refrigera el cheesecake durante al menos 4 horas o hasta que esté firme.

10. Antes de servir, decora con frutos rojos frescos si lo deseas.

Tips de Cocina:

- Puedes ajustar la cantidad de jarabe de arce o sirope de agave en la cobertura de frutos rojos según tu preferencia de dulzura.

- Para facilitar el corte del cheesecake, sumerge el cuchillo en agua caliente antes de cada corte.

Contenido Nutricional (por porción aproximadamente):

- Calorías: 360 kcal

- Grasa: 23g

- Carbohidratos: 35g

- Fibra: 3g

- Proteína: 6g

Este cheesecake vegano de frutos rojos es una deliciosa opción sin productos lácteos para satisfacer tu gusto por los postres. ¡Disfruta de su sabor suave y afrutado!

Mousse de Chocolate Vegano

Porciones: 4 porciones

Ingredientes:

- 1 bloque (aproximadamente 200g) de chocolate negro vegano, troceado

- 1 lata (14 onzas) de leche de coco enlatada, refrigerada durante la noche

- 2 cucharadas de cacao en polvo sin azúcar

- 2 cucharadas de jarabe de arce o sirope de agave

- 1 cucharadita de extracto de vainilla

- Una pizca de sal

- Frambuesas o fresas frescas (opcional, para decorar)

Instrucciones:

1. Derrite el chocolate negro vegano en un tazón resistente al calor utilizando un baño de agua o en el microondas en intervalos cortos, revolviendo entre cada intervalo hasta que esté completamente derretido. Deja que se enfríe un poco.

2. Abre la lata de leche de coco refrigerada y saca solo la parte sólida de arriba, dejando el líquido detrás.

3. En un tazón grande, bate la leche de coco sólida, el cacao en polvo, el jarabe de arce o el sirope de agave, el extracto de vainilla y una pizca de sal hasta que la mezcla esté suave y bien combinada.

4. Agrega el chocolate derretido a la mezcla y bate hasta obtener una consistencia uniforme.

5. Divide la mezcla de mousse de chocolate en tazas individuales o copas para servir.

6. Refrigera las porciones durante al menos 2 horas para que el mousse se endurezca.

7. Antes de servir, puedes decorar con frambuesas o fresas frescas si lo deseas.

Tips de Cocina:

- Asegúrate de que el chocolate esté completamente derretido y no tenga grumos antes de agregarlo a la mezcla de leche de coco.

- La leche de coco enlatada es ideal para esta receta, ya que contiene la parte sólida necesaria para obtener la textura del mousse. Puedes usar el líquido en otras recetas.

Contenido Nutricional (por porción aproximadamente):

- Calorías: 300 kcal
- Grasa: 22g
- Carbohidratos: 23g
- Fibra: 3g
- Proteína: 3g

Este mousse de chocolate vegano es un postre indulgente y cremoso que satisfará tus antojos de chocolate sin ingredientes de origen animal. ¡Disfruta de su sabor decadente!

Tarta de Limón Vegana

Porciones: 8 porciones

   Ingredientes:

   Para la Base:

   - 1 1/2 tazas de galletas veganas trituradas (como galletas de vainilla o galletas de almendra)

   - 1/4 de taza de margarina vegana derretida

   Para el Relleno de Limón:

   - 1 lata (14 onzas) de leche de coco enlatada, refrigerada durante la noche

   - 1/2 taza de jugo de limón fresco (aproximadamente 4 limones)

   - 1 cucharada de ralladura de limón

   - 1/2 taza de jarabe de arce o sirope de agave

   - 1 cucharadita de extracto de vainilla

   - 2 cucharadas de almidón de maíz (maicena)

   - Una pizca de sal

   Instrucciones:

   Para la Base:

   1. En un procesador de alimentos, tritura las galletas veganas hasta que se conviertan en migajas finas.

2. En un tazón, mezcla las migajas de galletas trituradas con la margarina vegana derretida hasta que obtengas una mezcla húmeda y compacta.

3. Presiona esta mezcla en el fondo de un molde para tarta (aproximadamente de 8 a 9 pulgadas de diámetro) para formar la base de tu tarta. Refrigera mientras preparas el relleno.

Para el Relleno de Limón:

4. Abre la lata de leche de coco refrigerada y saca solo la parte sólida de arriba, dejando el líquido detrás.

5. En un tazón grande, bate la leche de coco sólida, el jugo de limón, la ralladura de limón, el jarabe de arce o el sirope de agave, el extracto de vainilla, el almidón de maíz y una pizca de sal hasta que la mezcla esté suave y bien combinada.

6. Vierte la mezcla de relleno de limón sobre la base de galletas en el molde.

7. Refrigera la tarta durante al menos 4 horas o hasta que esté firme.

8. Antes de servir, puedes decorar con ralladura de limón adicional o rodajas de limón.

Tips de Cocina:

- Asegúrate de usar la parte sólida de la leche de coco, ya que es esencial para la consistencia del relleno de la tarta.

Nutrición (por porción aproximadamente):

- Calorías: 300 kcal

- Grasa: 20g

- Carbohidratos: 28g

- Fibra: 1g

- Proteína: 2g

Esta tarta de limón vegana es refrescante y deliciosa, perfecta para cualquier ocasión. ¡Espero que la disfrutes!

Trufas de Chocolate y Almendra

Porciones: Aproximadamente 12 trufas

Ingredientes:

- 1/2 taza de almendras enteras (sin sal)

- 1 taza de chocolate negro vegano, picado en trozos pequeños

- 1/4 de taza de leche de almendras (u otra leche vegetal)

- 2 cucharadas de jarabe de arce o sirope de agave

- 1/2 cucharadita de extracto de vainilla

- Una pizca de sal

- 2 cucharadas de cacao en polvo sin azúcar, para enrollar las trufas

- Almendras picadas o cacao en polvo adicional (opcional, para decorar)

Instrucciones:

1. Tuesta las almendras enteras en una sartén a fuego medio hasta que estén ligeramente doradas y fragantes. Esto resaltará su sabor. Luego, déjalas enfriar completamente.

2. En un tazón resistente al calor, coloca el chocolate vegano picado y derrítelo a baño maría o en el microondas en intervalos cortos de 20

segundos, revolviendo entre cada intervalo hasta que esté completamente derretido.

3. En una licuadora o procesador de alimentos, tritura las almendras tostadas hasta que estén finamente molidas, pero no excesivamente.

4. En un tazón grande, combina las almendras molidas, el chocolate derretido, la leche de almendras, el jarabe de arce o el sirope de agave, el extracto de vainilla y una pizca de sal. Mezcla bien hasta obtener una masa homogénea.

5. Refrigera la masa en el tazón durante al menos 1 hora para que sea más fácil de manejar.

6. Después de enfriar, toma pequeñas porciones de la mezcla y forma bolas del tamaño de una nuez con las manos.

7. En un plato poco profundo, coloca el cacao en polvo sin azúcar. Enrolla cada trufa en el cacao en polvo para cubrirla uniformemente.

8. Si lo deseas, puedes decorar las trufas con almendras picadas adicionales o un poco de cacao en polvo.

9. Refrigera las trufas durante al menos 30 minutos antes de servirlas.
Consejos de Cocina:

- Puedes personalizar tus trufas de chocolate y almendra agregando ralladura de naranja, café instantáneo o una pizca de canela a la mezcla antes de enfriar.

- Asegúrate de almacenar las trufas en el refrigerador para mantener su forma y textura.

¡Disfruta de estas deliciosas trufas de chocolate y almendra como un regalo gourmet o como un tentempié indulgente!

Cupcakes Veganos de Vainilla con Glaseado

Porciones: 12 cupcakes

Ingredientes para los Cupcakes:

Para los Cupcakes:

- 1 taza de leche de almendras (u otra leche vegetal)

- 1 cucharadita de vinagre de manzana

- 1 1/2 tazas de harina de trigo

- 3/4 de taza de azúcar

- 1/3 de taza de aceite vegetal

- 1 cucharada de extracto de vainilla

- 1/2 cucharadita de bicarbonato de sodio

- 1/2 cucharadita de polvo de hornear (levadura en polvo)

- 1/4 de cucharadita de sal

Para el Glaseado:

- 1/2 taza de margarina vegana, a temperatura ambiente

- 2 tazas de azúcar glas (azúcar impalpable)

- 1 cucharadita de extracto de vainilla

- 2-3 cucharadas de leche de almendras (u otra leche vegetal), según sea necesario

Instrucciones:

Para los Cupcakes:

1. Precalienta el horno a 180°C (350°F). Coloca los revestimientos de papel en un molde para cupcakes.

2. En un tazón pequeño, combina la leche de almendras y el vinagre de manzana. Deja reposar durante unos minutos para que se forme el "buttermilk" vegano.

3. En un tazón grande, mezcla la harina, el azúcar, el bicarbonato de sodio, el polvo de hornear y la sal.

4. Agrega el aceite vegetal, el extracto de vainilla y la mezcla de "buttermilk" vegano al tazón de ingredientes secos. Mezcla hasta que todos los ingredientes estén bien combinados, pero no sobre mezcles.

5. Llena cada revestimiento de cupcakes aproximadamente 2/3 con la mezcla.

6. Hornea en el horno precalentado durante 18-20 minutos o hasta que un palillo insertado en el centro de un cupcake salga limpio.

7. Retira los cupcakes del horno y déjalos enfriar completamente antes de glasearlos.

Para el Glaseado:

8. En un tazón grande, bate la margarina vegana hasta que esté suave y cremosa.

9. Agrega el azúcar glas y el extracto de vainilla. Mezcla bien.

10. Si la mezcla está demasiado espesa, agrega leche de almendras, una cucharada a la vez, hasta obtener la consistencia deseada.

Tips de Cocina:

- Asegúrate de no sobre mezclar la masa de los cupcakes; simplemente mezcla hasta que los ingredientes estén combinados para evitar que los cupcakes se vuelvan densos.

- Puedes decorar los cupcakes con chispas de colores, nueces picadas o frutas frescas, si lo deseas.

Contenido Nutricional (por cupcake aproximadamente, sin incluir decoraciones):

- Calorías: 260 kcal

- Grasa: 11g
- Carbohidratos: 39g
- Proteína: 1g

Estos cupcakes veganos de vainilla con glaseado son una deliciosa opción para satisfacer tu antojo de postres sin ingredientes de origen animal. ¡Disfruta de su sabor suave y dulce!

Tarta de Calabaza y Nuez Vegana

Porciones: 8 porciones

Ingredientes:

Para la Base de la Tarta:

- 1 1/2 tazas de galletas veganas trituradas (como galletas de canela o galletas de avena)

- 1/4 de taza de margarina vegana derretida

Para el Relleno de Calabaza:

- 1 lata (14 onzas) de puré de calabaza

- 1/2 taza de leche de almendras (u otra leche vegetal)

- 1/2 taza de azúcar moreno

- 1/4 de taza de jarabe de arce o sirope de agave

- 2 cucharaditas de canela molida

- 1/2 cucharadita de nuez moscada molida

- 1/4 de cucharadita de jengibre molido

- 1/4 de cucharadita de clavo molido

- 2 cucharadas de almidón de maíz (maicena)

- Una pizca de sal

Para la Cobertura de Nuez:

- 1/2 taza de nueces picadas

- 2 cucharadas de jarabe de arce o sirope de agave

Instrucciones:

Para la Base de la Tarta:

1. Precalienta el horno a 180°C (350°F). Engrasa ligeramente un molde para tarta de 9 pulgadas (aproximadamente 23 cm).

2. En un procesador de alimentos, tritura las galletas veganas hasta obtener migajas finas.

3. En un tazón, mezcla las migajas de galletas trituradas con la margarina vegana derretida hasta que obtengas una mezcla húmeda.

4. Presiona esta mezcla en el fondo del molde para tarta de manera uniforme para formar la base. Hornea en el horno precalentado durante 10 minutos y luego déjala enfriar mientras preparas el relleno.

Para el Relleno de Calabaza:

5. En un tazón grande, combina el puré de calabaza, la leche de almendras, el azúcar moreno, el jarabe de arce o el sirope de agave, la canela, la nuez moscada, el jengibre, el clavo, el almidón de maíz y una pizca de sal. Mezcla bien hasta que todos los ingredientes estén incorporados de manera uniforme.

6. Vierte la mezcla de relleno de calabaza sobre la base de galletas en el molde.

Para la Cobertura de Nuez:

7. En un tazón pequeño, mezcla las nueces picadas con el jarabe de arce o el sirope de agave.

8. Espolvorea esta mezcla de nueces sobre el relleno de calabaza en el molde.

9. Hornea la tarta en el horno precalentado durante 40-45 minutos o hasta que el relleno esté firme y la tarta esté dorada en los bordes.

10. Retira la tarta del horno y déjala enfriar antes de refrigerarla durante al menos 4 horas o toda la noche para que se asiente.

Tips de Cocina:

- Asegúrate de dejar que la tarta se enfríe y refrigere completamente antes de servirla para obtener la mejor textura.

- Si lo prefieres, puedes agregar una cucharada de ron o extracto de ron a la mezcla de relleno de calabaza para darle un toque adicional de sabor.

Contenido Nutricional (por porción aproximadamente):

- Calorías: 300 kcal

- Grasa: 12g

- Carbohidratos: 47g

- Proteína: 3g

Esta tarta de calabaza y nuez vegana es un postre perfecto para las celebraciones de otoño o cualquier ocasión especial. ¡Disfruta de su sabor reconfortante y festivo!

Tarta de Chocolate y Avellanas Sin Hornear

Porciones: 8 porciones

Ingredientes:

Para la Base:

- 1 1/2 tazas de galletas veganas de chocolate trituradas

- 1/2 taza de avellanas tostadas, picadas

- 1/4 de taza de margarina vegana derretida

Para el Relleno de Chocolate:

- 1 1/2 tazas de chocolate negro vegano, picado en trozos pequeños

- 1 taza de leche de almendras (u otra leche vegetal)

- 1/4 de taza de jarabe de arce o sirope de agave

- 1 cucharadita de extracto de vainilla

- Una pizca de sal

Para la Cobertura de Avellanas:

- 1/2 taza de avellanas tostadas, picadas

Instrucciones:

Para la Base:

1. En un procesador de alimentos, tritura las galletas veganas de chocolate hasta obtener migajas finas.

2. En un tazón, mezcla las migajas de galletas trituradas con las avellanas tostadas picadas y la margarina vegana derretida hasta obtener una mezcla húmeda.

3. Presiona esta mezcla en el fondo de un molde para tarta de aproximadamente 9 pulgadas (23 cm) de diámetro para formar la base. Asegúrate de presionar firmemente. Refrigera mientras preparas el relleno.

Para el Relleno de Chocolate:

4. En un tazón resistente al calor, coloca el chocolate negro vegano picado.

5. En una cacerola pequeña, calienta la leche de almendras a fuego medio hasta que esté caliente pero no hierva.

6. Vierte la leche caliente sobre el chocolate picado y deja reposar durante unos minutos.

7. Revuelve la mezcla de chocolate y leche hasta que el chocolate se derrita por completo y la mezcla esté suave.

8. Agrega el jarabe de arce o el sirope de agave, el extracto de vainilla y una pizca de sal. Mezcla bien hasta que todo esté incorporado.

Montaje de la Tarta:

9. Vierte la mezcla de relleno de chocolate sobre la base de galletas en el molde.

10. Espolvorea las avellanas tostadas picadas sobre la parte superior del relleno de chocolate.

11. Refrigera la tarta durante al menos 4 horas o hasta que esté firme y lista para servir.

Tips de Cocina:

- Puedes decorar la tarta con virutas de chocolate negro vegano o cacao en polvo antes de servirla.

- Para tostar las avellanas, colócalas en una bandeja para hornear y hornéalas a 180°C (350°F) durante aproximadamente 10 minutos hasta que estén fragantes.

Contenido Nutricional (por porción aproximadamente):

- Calorías: 350 kcal

- Grasa: 22g

- Carbohidratos: 35g

- Proteína: 4g

Esta tarta de chocolate y avellanas sin hornear es una deliciosa opción para los amantes del chocolate y los frutos secos. ¡Disfruta de su sabor suave y decadente!

Flan Vegano de Caramelo

Porciones: 4 porciones

Ingredientes:

Para el Caramelo:

- 1/2 taza de azúcar

- 1/4 de taza de agua

Para el Flan:

- 1 taza de leche de almendras (u otra leche vegetal)

- 1 taza de leche de coco en lata

- 1/2 taza de azúcar

- 1 cucharadita de extracto de vainilla

- 2 cucharadas de almidón de maíz (maicena)

- Una pizca de sal

Instrucciones:

Para el Caramelo:

1. En una sartén a fuego medio, combina el azúcar y el agua. Revuelve hasta que el azúcar se disuelva por completo.

2. Lleva la mezcla a ebullición y cocina sin revolver hasta que se dore y se convierta en caramelo. Esto puede llevar unos 5-7 minutos. No dejes que el caramelo se queme; vigílalo de cerca.

3. Vierte el caramelo caliente en el fondo de 4 moldes individuales para flan o en un molde grande para flan. Inclina los moldes para que el

caramelo cubra uniformemente el fondo y los lados. Deja que el caramelo se enfríe y endurezca.

Para el Flan:

4. En una cacerola, calienta la leche de almendras, la leche de coco, el azúcar y el extracto de vainilla a fuego medio hasta que estén calientes pero no hirviendo. Revuelve para asegurarte de que el azúcar se disuelva por completo.

5. En un tazón pequeño, mezcla el almidón de maíz con un poco de agua para hacer una pasta sin grumos.

6. Vierte la pasta de almidón de maíz en la mezcla de leche caliente y revuelve constantemente a fuego medio hasta que la mezcla espese ligeramente, lo que tomará unos 5 minutos.

7. Retira la mezcla del fuego y agrega una pizca de sal y más extracto de vainilla si lo deseas.

8. Vierte la mezcla de flan en los moldes preparados con caramelo. Deja que se enfríen a temperatura ambiente.

Refrigeración y Servir:

9. Cubre los moldes con papel film o tapas y refrigéralos durante al menos 4 horas o durante la noche para que el flan se asiente y enfríe completamente.

Desmoldar y Servir:

10. Para desmoldar el flan, pasa un cuchillo delgado alrededor del borde del molde para aflojarlo. Coloca un plato sobre el molde y dale la vuelta con cuidado. El caramelo líquido debería fluir sobre el flan.

Tips de Cocina:

- Si quieres un flan más suave y menos denso, puedes usar solo leche de almendras en lugar de una mezcla de leche de almendras y leche de coco.

- Asegúrate de no revolver el caramelo mientras se derrite para evitar que se cristalice.

Contenido Nutricional (por porción aproximadamente):

- Calorías: 280 kcal

- Grasa: 7g
- Carbohidratos: 53g
- Proteína: 2g

Este flan vegano de caramelo es una delicia suave y dulce que no contiene ingredientes de origen animal. ¡Disfruta de su sabor tradicional en una versión vegana!

Magdalenas de Plátano Veganas

Porciones: 12 magdalenas

Ingredientes:

- 2 plátanos maduros, aplastados
- 1/2 taza de azúcar
- 1/4 taza de aceite vegetal
- 1/4 taza de leche de almendras (u otra leche vegetal)
- 1 cucharadita de extracto de vainilla
- 1 1/2 tazas de harina de trigo
- 1 cucharadita de bicarbonato de sodio
- 1 cucharadita de polvo de hornear (levadura en polvo)
- 1/2 cucharadita de sal
- 1/2 cucharadita de canela molida (opcional)
- 1/2 taza de nueces picadas (opcional)

Instrucciones:

1. Precalienta el horno a 180°C (350°F) y coloca capacillos de papel en un molde para magdalenas.

2. En un tazón grande, mezcla los plátanos aplastados, el azúcar, el aceite vegetal, la leche de almendras y el extracto de vainilla. Mezcla bien hasta que estén combinados.

3. En otro tazón, combina la harina de trigo, el bicarbonato de sodio, el polvo de hornear, la sal y la canela (si la estás usando).

4. Agrega los ingredientes secos al tazón con la mezcla de plátano y revuelve hasta que la masa esté uniforme. Si deseas, agrega las nueces picadas y mezcla bien.

5. Llena cada capacillo de papel con la mezcla hasta aproximadamente 3/4 de su capacidad.

6. Hornea en el horno precalentado durante 18-20 minutos, o hasta que un palillo insertado en el centro de una magdalena salga limpio.

7. Retira las magdalenas del horno y déjalas enfriar en el molde durante unos minutos antes de transferirlas a una rejilla para que se enfríen por completo.

Tips de Cocina:

- Si deseas una opción más saludable, puedes usar azúcar moreno en lugar de azúcar blanco.

- Las nueces agregan un delicioso sabor y textura, pero si tienes alergias a los frutos secos, puedes omitirlas o usar otro tipo de nueces o semillas.

- Si tus plátanos no están muy maduros, puedes acelerar el proceso de maduración colocándolos en una bolsa de papel durante unos días.

Contenido Nutricional (por magdalena aproximadamente, sin nueces):

- Calorías: 170 kcal

- Grasa: 6g

- Carbohidratos: 27g

- Proteína: 2g

Estas magdalenas de plátano veganas son una opción deliciosa y saludable para el desayuno o como un dulce tentempié. ¡Disfruta de su sabor a plátano y textura esponjosa!

Rollos de Canela Veganos

Porciones: 12 rollos

Ingredientes:

Para la Masa:

- 1 taza de leche de almendras (u otra leche vegetal)
- 2 1/4 cucharaditas de levadura seca activa
- 1/4 taza de azúcar
- 1/4 taza de margarina vegana derretida
- 3 tazas de harina de trigo
- 1/2 cucharadita de sal

Para el Relleno de Canela:

- 1/2 taza de azúcar moreno
- 2 cucharaditas de canela molida
- 1/4 taza de margarina vegana derretida

Para el Glaseado (Opcional):

- 1 taza de azúcar glas (azúcar en polvo)
- 2 cucharadas de leche de almendras (u otra leche vegetal)
- 1/2 cucharadita de extracto de vainilla

Instrucciones:

Preparación de la Masa:

1. Calienta la leche de almendras a temperatura tibia (no caliente) y espolvorea la levadura sobre la leche. Deja reposar durante 5 minutos hasta que la levadura se active y se vuelva espumosa.

2. En un tazón grande, mezcla la levadura activada, el azúcar y la margarina derretida.

3. Agrega la harina de trigo y la sal, y mezcla hasta formar una masa.

4. Amasa la masa en una superficie enharinada durante unos minutos hasta que esté suave y elástica.

5. Coloca la masa en un bol, cúbrelo con un paño limpio y húmedo, y deja reposar durante 1 hora o hasta que la masa haya duplicado su tamaño.

Preparación del Relleno de Canela:

6. En un tazón pequeño, mezcla el azúcar moreno y la canela.

Armar los Rollos:

7. En una superficie enharinada, estira la masa en un rectángulo de aproximadamente 30x40 cm.

8. Unta la margarina derretida sobre la superficie de la masa y espolvorea la mezcla de azúcar y canela de manera uniforme sobre la margarina.

9. Enrolla la masa desde el lado largo para formar un tronco de masa.

10. Corta el tronco en 12 rollos iguales.

11. Coloca los rollos en una bandeja para horno ligeramente engrasada o cubierta con papel pergamino.

12. Cubre los rollos con un paño limpio y húmedo y déjalos reposar durante otros 30 minutos.

Horneado:

13. Precalienta el horno a 180°C (350°F).

14. Hornea los rollos en el horno precalentado durante 15-20 minutos o hasta que estén dorados.

Preparación del Glaseado (Opcional):

15. Mientras los rollos se enfrían ligeramente, puedes preparar el glaseado mezclando el azúcar glas, la leche de almendras y el extracto de vainilla en un tazón pequeño.

16. Vierte el glaseado sobre los rollos de canela ya enfriados.

Tips de Cocina:

- Si deseas que los rollos de canela sean aún más suaves, puedes agregar un poco de puré de manzana o puré de plátano a la masa antes de amasar.

- Asegúrate de no calentar la leche de almendras demasiado, ya que podría matar la levadura. Debe estar tibia al tacto.

Contenido Nutricional (por rollo aproximadamente, sin glaseado):

- Calorías: 230 kcal

- Grasa: 6g

- Carbohidratos: 40g

- Proteína: 3g

Estos rollos de canela veganos son una deliciosa opción para el desayuno o una golosina dulce en cualquier momento del día. ¡Disfruta de su sabor a canela y su textura esponjosa!

Galletas de Mantequilla de Almendras

Porciones: Aproximadamente 18 galletas

Ingredientes:

- 1 taza de mantequilla de almendras (sin azúcar añadido)

- 1/2 taza de azúcar moreno o azúcar de coco

- 1 huevo de lino (1 cucharada de semillas de lino molidas + 3 cucharadas de agua, dejado reposar durante 5 minutos)

- 1 cucharadita de extracto de vainilla

- 1/2 cucharadita de bicarbonato de sodio

- Una pizca de sal

- 1/2 taza de chips de chocolate veganos (opcional)

Instrucciones:

1. Precalienta el horno a 180°C (350°F) y coloca papel pergamino en una bandeja para hornear.

2. En un tazón grande, mezcla la mantequilla de almendras, el azúcar moreno (o azúcar de coco), el huevo de lino, el extracto de vainilla, el bicarbonato de sodio y una pizca de sal. Mezcla bien hasta que todos los ingredientes estén combinados.

3. Si lo deseas, agrega los chips de chocolate veganos y mezcla para distribuirlos uniformemente en la masa.

4. Con una cucharita para helado o tus manos, toma porciones de masa y forma bolitas. Coloca las bolitas en la bandeja para hornear preparada y aplástalas ligeramente con un tenedor para crear el clásico patrón de galleta.

5. Hornea en el horno precalentado durante 10-12 minutos, o hasta que los bordes de las galletas estén dorados.

6. Retira las galletas del horno y déjalas enfriar en la bandeja durante unos minutos antes de transferirlas a una rejilla para que se enfríen completamente.

Tips de Cocina:

- Puedes ajustar la cantidad de azúcar según tu preferencia de dulzura. Si prefieres galletas menos dulces, puedes reducir la cantidad de azúcar.

- Asegúrate de usar mantequilla de almendras que no contenga azúcar añadido ni aceites hidrogenados.

Contenido Nutricional (por galleta aproximadamente, sin chips de chocolate):

- Calorías: 80 kcal

- Grasa: 6g

- Carbohidratos: 5g

- Proteína: 2g

Estas galletas de mantequilla de almendras son una opción deliciosa y saludable para aquellos que buscan una alternativa sin gluten ni lácteos. ¡Disfruta de su sabor a nuez y su textura suave!

Tarta de Coco y Chocolate Blanco Vegana

Porciones: 8 porciones

Ingredientes:

Para la Base:

- 1 taza de galletas de vainilla veganas trituradas

- 1/4 de taza de aceite de coco derretido

Para el Relleno:

- 1 lata (400 ml) de leche de coco completa en lata, refrigerada durante la noche

- 200 gramos de chocolate blanco vegano, picado en trozos pequeños

- 1/4 de taza de azúcar de coco o azúcar de caña integral

- 1 cucharadita de extracto de vainilla

- 1/2 taza de coco rallado

Instrucciones:

Para la Base:

1. En un tazón, mezcla las galletas de vainilla trituradas y el aceite de coco derretido hasta que se forme una masa. Presiona esta mezcla en el fondo de un molde para tarta desmontable de aproximadamente 8 pulgadas (20 cm) de diámetro. Coloca el molde en el refrigerador mientras preparas el relleno.

Para el Relleno:

2. Abre la lata de leche de coco refrigerada y retira con cuidado la parte sólida superior, dejando el líquido transparente en la lata. Coloca la parte sólida en una cacerola.

3. Agrega el chocolate blanco vegano picado, el azúcar de coco y el extracto de vainilla a la cacerola con la leche de coco. Calienta a fuego bajo-medio y revuelve continuamente hasta que el chocolate se derrita por completo y la mezcla esté suave y homogénea.

4. Retira la mezcla del fuego y deja que se enfríe durante unos minutos.

5. Vierte la mezcla de chocolate blanco sobre la base de galleta en el molde para tarta y esparce el coco rallado por encima.

6. Refrigera la tarta durante al menos 4 horas o hasta que esté firme y completamente fría.

Tips de Cocina:

- Asegúrate de refrigerar la lata de leche de coco durante la noche antes de usarla para que la parte sólida se separe del líquido.

- Para derretir el chocolate blanco, puedes usar un baño de agua o el microondas, teniendo cuidado de no quemarlo.

Contenido Nutricional (por porción aproximadamente):

- Calorías: 420 kcal

- Grasa: 30g

- Carbohidratos: 35g

- Proteína: 3g

Esta tarta de coco y chocolate blanco vegana es una deliciosa opción para los amantes del coco y el chocolate. ¡Disfruta de su cremosidad y sabor decadente!

Sorbete de Mango Vegano

Porciones: 4 porciones

Ingredientes:

- 4 mangos maduros, pelados y cortados en trozos

- 1/4 de taza de azúcar de coco o azúcar de caña integral (opcional, ajusta según tu preferencia)

- 1/4 de taza de agua

- 1 cucharada de jugo de limón fresco

- Opcional: hojas de menta fresca o coco rallado para decorar

Instrucciones:

1. Coloca los trozos de mango en una bandeja para hornear y congélalos durante al menos 2 horas o hasta que estén congelados sólidamente.

2. En una pequeña cacerola, calienta el azúcar y el agua a fuego medio. Remueve constantemente hasta que el azúcar se disuelva por completo. Luego, retira la cacerola del fuego y deja enfriar la mezcla.

3. En un procesador de alimentos o licuadora de alta potencia, coloca los trozos de mango congelados y el jugo de limón. Si deseas, agrega la mezcla de azúcar y agua.

4. Mezcla todo a alta velocidad hasta que la mezcla se vuelva suave y cremosa. Si es necesario, puedes detenerte y raspar los lados del procesador o licuadora para asegurarte de que todo se mezcle de manera uniforme.

5. Sirve el sorbete de mango de inmediato en tazones o copas. Puedes decorar con hojas de menta fresca o coco rallado si lo deseas.

6. Si no consumes todo el sorbete de inmediato, puedes guardarlo en un recipiente hermético en el congelador, aunque puede volverse más sólido y requerirá un breve período para ablandarse antes de servirlo.

Tips de Cocina:

- Usar mangos maduros y dulces dará como resultado un sorbete más sabroso. Si los mangos no están lo suficientemente maduros, puedes agregar un poco más de azúcar para endulzar el sorbete.

- Si no tienes una licuadora de alta potencia, es posible que necesites detenerte ocasionalmente y raspar los lados para asegurarte de que los trozos de mango se mezclen de manera uniforme.

Contenido Nutricional (por porción aproximadamente, sin decoraciones adicionales):

- Calorías: 120 kcal
- Grasa: 0.6g
- Carbohidratos: 30g
- Proteína: 1g

Este sorbete de mango vegano es una opción refrescante y saludable para disfrutar en climas cálidos o como postre después de una comida. ¡Disfruta de su sabor a mango natural y su textura suave!

Donas Veganas Glaseadas

Porciones: 12 donas

Ingredientes:

Para las Donas:

- 2 tazas de harina de trigo

- 1/2 taza de azúcar

- 2 cucharaditas de levadura en polvo

- 1/2 cucharadita de bicarbonato de sodio

- 1/2 cucharadita de sal

- 1 taza de leche de almendras (u otra leche vegetal)

- 1/4 de taza de aceite vegetal

- 2 cucharaditas de vinagre de manzana

- 1 cucharadita de extracto de vainilla

Para el Glaseado:

- 1 taza de azúcar glas (azúcar en polvo)

- 2-3 cucharadas de leche de almendras (u otra leche vegetal)

- 1 cucharadita de extracto de vainilla

- Colorante alimentario (opcional)

Instrucciones:

Para las Donas:

1. Precalienta el horno a 180°C (350°F) y unta un molde para donas con aceite vegetal o usa un molde antiadherente para donas.

2. En un tazón grande, mezcla la harina, el azúcar, la levadura en polvo, el bicarbonato de sodio y la sal.

3. En otro tazón, mezcla la leche de almendras, el aceite vegetal, el vinagre de manzana y el extracto de vainilla.

4. Vierte los ingredientes líquidos en los ingredientes secos y mezcla hasta que la masa esté uniforme. No mezcles en exceso.

5. Llena los moldes para donas con la masa hasta 3/4 de su capacidad.

6. Hornea en el horno precalentado durante 12-15 minutos o hasta que las donas estén doradas y al insertar un palillo en una dona, este salga limpio.

7. Deja enfriar las donas en el molde durante unos minutos y luego transfiérelas a una rejilla para que se enfríen completamente.

Para el Glaseado:

8. En un tazón, mezcla el azúcar glas, la leche de almendras y el extracto de vainilla hasta obtener un glaseado suave. Si deseas, agrega colorante alimentario para darle color.

Montaje:

9. Sumerge cada dona en el glaseado y luego colócala en una rejilla para que el exceso de glaseado escurra.

10. Deja que el glaseado se endurezca antes de servir las donas.

Tips de Cocina:

- Puedes personalizar tus donas veganas con diferentes coberturas como coco rallado, chispas de chocolate vegano o nueces picadas.

- Si no tienes un molde para donas, puedes usar una bandeja para muffins y hacer "muffins-donas" con la misma masa.

Contenido Nutricional (por dona aproximadamente, sin decoración adicional):

- Calorías: 220 kcal

- Grasa: 5g

- Carbohidratos: 40g

- Proteína: 2g

Estas donas veganas glaseadas son una delicia que puedes disfrutar en el desayuno o como un dulce capricho en cualquier momento del día. ¡Saborean deliciosamente y son 100% veganas!

Tiramisú Vegano

Porciones: 6 porciones

Ingredientes:

Para el Tiramisú:

- 1 taza de café fuerte, enfriado

- 1 taza de crema de coco espesa (la parte sólida de una lata de leche de coco refrigerada)

- 1/2 taza de azúcar de coco o azúcar de caña integral

- 1 cucharadita de extracto de vainilla

- 1 paquete de bizcochos de soletilla veganos o galletas tipo "Ladyfingers"

Para el Cacao en Polvo (para decorar):

- 2 cucharadas de cacao en polvo sin azúcar

Instrucciones:

1. En un tazón, mezcla la crema de coco espesa, el azúcar de coco y el extracto de vainilla hasta que estén bien combinados. Esta será la base de la crema del tiramisú.

2. Prepara el café fuerte y déjalo enfriar a temperatura ambiente.

3. Sumerge rápidamente los bizcochos de soletilla veganos en el café enfriado y colócalos en el fondo de un molde para servir.

4. Vierte la mitad de la mezcla de crema de coco sobre los bizcochos empapados en café.

5. Repite el proceso con otra capa de bizcochos empapados en café y luego la otra mitad de la mezcla de crema de coco.

6. Espolvorea cacao en polvo sobre la capa superior de crema.

7. Cubre el molde con papel film y refrigéralo durante al menos 4 horas o idealmente durante la noche para que los sabores se mezclen bien.

8. Antes de servir, puedes espolvorear más cacao en polvo si lo deseas.
Tips de Cocina:

- Asegúrate de usar la parte sólida de la leche de coco refrigerada para obtener una crema espesa. Puedes guardar el líquido transparente para usarlo en smoothies u otras recetas.

- Los bizcochos de soletilla veganos se pueden encontrar en tiendas de alimentos saludables o en línea. Si no los encuentras, puedes usar galletas tipo "Ladyfingers" veganas.

Contenido Nutricional (por porción aproximadamente):

- Calorías: 280 kcal

- Grasa: 15g

- Carbohidratos: 34g

- Proteína: 2g

Este tiramisú vegano es una versión deliciosa y libre de productos de origen animal de un clásico postre italiano. ¡Disfruta de su sabor indulgente y su textura suave!

Pastel de Zanahoria Sin Lácteos

Porciones: 8 porciones

Ingredientes:

Para el Pastel:

- 2 tazas de zanahorias ralladas (aproximadamente 4 zanahorias medianas)

- 1 taza de azúcar

- 1/2 taza de aceite vegetal (como aceite de coco derretido o aceite de canola)

- 2 cucharaditas de extracto de vainilla

- 1 1/2 tazas de harina de trigo

- 1 1/2 cucharaditas de bicarbonato de sodio

- 1/2 cucharadita de sal

- 1 1/2 cucharaditas de canela en polvo

- 1/2 taza de nueces picadas (opcional)

- 1/2 taza de pasas (opcional)

Para el Glaseado (opcional):

- 1 taza de azúcar glas (azúcar en polvo)

- 2-3 cucharadas de leche de almendras (u otra leche vegetal)

- 1/2 cucharadita de extracto de vainilla

Instrucciones:

Para el Pastel:

1. Precalienta el horno a 180°C (350°F). Engrasa y enharina un molde para pastel de 9 pulgadas (23 cm) de diámetro.

2. En un tazón grande, mezcla las zanahorias ralladas, el azúcar, el aceite vegetal y el extracto de vainilla.

3. En otro tazón, mezcla la harina, el bicarbonato de sodio, la sal y la canela en polvo.

4. Agrega los ingredientes secos a la mezcla de zanahorias y remueve hasta que estén bien combinados. Si lo deseas, incorpora las nueces picadas y las pasas.

5. Vierte la masa en el molde para pastel preparado y alisa la parte superior.

6. Hornea en el horno precalentado durante 35-40 minutos o hasta que un palillo insertado en el centro del pastel salga limpio.

7. Deja enfriar el pastel en el molde durante unos minutos antes de transferirlo a una rejilla para que se enfríe completamente.

Para el Glaseado (opcional):

8. En un tazón, mezcla el azúcar glas, la leche de almendras y el extracto de vainilla hasta obtener un glaseado suave. Agrega más leche si es necesario para lograr la consistencia deseada.

9. Una vez que el pastel esté completamente frío, puedes cubrirlo con el glaseado.

Tips de Cocina:

- Puedes personalizar tu pastel de zanahoria con ingredientes adicionales como coco rallado, piña enlatada, o ralladura de naranja para darle más sabor y textura.

- Asegúrate de enfriar el pastel por completo antes de aplicar el glaseado para que no se derrita.

Contenido Nutricional (por porción aproximadamente, sin glaseado ni ingredientes opcionales):

- Calorías: 300 kcal

- Grasa: 15g

- Carbohidratos: 40g

- Proteína: 3g

Este pastel de zanahoria sin lácteos es una opción deliciosa y apta para veganos. Su suavidad y sabor a canela y zanahoria lo hacen perfecto para cualquier ocasión.

Trufas de Almendra y Coco

Porciones: Aproximadamente 20 trufas

Ingredientes:

- 1 taza de almendras crudas
- 1 taza de coco rallado deshidratado (y un poco más para rebozar)
- 10 dátiles deshuesados
- 2 cucharadas de aceite de coco derretido
- 1 cucharadita de extracto de vainilla
- Una pizca de sal
- Agua (opcional)

Instrucciones:

1. Comienza por tostar las almendras en una sartén grande a fuego medio durante unos minutos hasta que estén fragantes y ligeramente doradas. Revuelve con frecuencia para evitar que se quemen. Luego, deja que las almendras se enfríen.

2. Coloca las almendras tostadas, el coco rallado, los dátiles deshuesados, el aceite de coco, el extracto de vainilla y la pizca de sal en un procesador de alimentos.

3. Procesa la mezcla hasta que todos los ingredientes estén bien combinados y la masa comience a unirse. Si la masa parece demasiado seca, puedes agregar una cucharada de agua, pero asegúrate de no agregar demasiada.

4. Con las manos ligeramente mojadas para evitar que la masa se pegue, forma pequeñas bolitas con la mezcla y luego pásalas por coco rallado deshidratado para que queden cubiertas.

5. Coloca las trufas de almendra y coco en una bandeja y refrigéralas durante al menos 30 minutos para que se endurezcan.

6. Una vez que estén firmes, puedes servirlas o guardarlas en un recipiente hermético en el refrigerador.

Tips de Cocina:

- Puedes personalizar tus trufas añadiendo otros ingredientes como chispas de chocolate vegano, nueces picadas o un toque de canela para variar el sabor y la textura.

- Si la masa está demasiado seca y no se adhiere bien, puedes añadir unas gotas de agua o más dátiles para ajustar la consistencia.

Contenido Nutricional (por trufa aproximadamente):

- Calorías: 80 kcal

- Grasa: 6g

- Carbohidratos: 5g

- Proteína: 2g

Estas trufas de almendra y coco son un delicioso y saludable bocado dulce. Son ideales como un tentempié energético o como postre sin lácteos. ¡Disfruta de su sabor y textura cremosa!

Galletas de Jengibre Veganas

Porciones: Aproximadamente 24 galletas

Ingredientes:
- 2 1/4 tazas de harina de trigo
- 2 cucharaditas de jengibre molido
- 1 cucharadita de canela
- 1/2 cucharadita de clavo molido
- 1/2 cucharadita de nuez moscada molida
- 1/2 cucharadita de bicarbonato de sodio
- 1/2 cucharadita de sal
- 1/2 taza de margarina vegana (sin lácteos)
- 1/2 taza de azúcar moreno
- 1/4 taza de melaza
- 1 cucharadita de extracto de vainilla

Instrucciones:

1. En un tazón grande, mezcla la harina de trigo, el jengibre molido, la canela, el clavo molido, la nuez moscada, el bicarbonato de sodio y la sal. Reserva esta mezcla de ingredientes secos.

2. En otro tazón, bate la margarina vegana y el azúcar moreno juntos hasta obtener una mezcla suave y cremosa.

3. Agrega la melaza y el extracto de vainilla a la mezcla de margarina y azúcar. Mezcla bien.

4. Poco a poco, añade la mezcla de ingredientes secos a la mezcla húmeda, revolviendo hasta que todos los ingredientes estén bien incorporados y se forme una masa de galletas.

5. Divide la masa en dos partes y envuélvelas en film transparente. Refrigera la masa durante al menos 1 hora o hasta que esté lo suficientemente firme como para manejarla.

6. Precalienta el horno a 180°C (350°F) y forra una bandeja para hornear con papel pergamino.

7. Saca una porción de masa del refrigerador y estira la masa en una superficie enharinada hasta que tenga un grosor de aproximadamente 1/4 de pulgada.

8. Utiliza cortadores de galletas con formas navideñas (como árboles de Navidad o estrellas) para cortar las galletas. Coloca las galletas en la bandeja para hornear preparada.

9. Repite el proceso con la otra porción de masa.

10. Hornea las galletas en el horno precalentado durante 8-10 minutos o hasta que los bordes estén dorados.

11. Deja enfriar las galletas en la bandeja durante unos minutos y luego transfiérelas a una rejilla para que se enfríen completamente.

Tips de Cocina:

- Si quieres que las galletas tengan un sabor más intenso a jengibre, puedes agregar un poco más de jengibre molido según tu preferencia.

- Para que las galletas tengan un toque extra de dulzura, puedes espolvorear un poco de azúcar glas por encima antes de hornearlas.

Contenido Nutricional (por galleta aproximadamente):

- Calorías: 100 kcal

- Grasa: 4g

- Carbohidratos: 15g

- Proteína: 1g

Estas galletas de jengibre veganas son una delicia festiva perfecta para Navidad u otras ocasiones especiales. ¡Disfruta del sabor especiado y aromático!

Panna Cotta Vegana de Vainilla

Porciones: 4 porciones

Ingredientes:

- 1 lata (400 ml) de leche de coco completa (no light)
- 1 taza de leche de almendras (u otra leche vegetal)
- 1/2 taza de azúcar de coco o azúcar de caña integral
- 2 cucharaditas de extracto de vainilla
- 2 cucharaditas de agar-agar en polvo (como agente gelificante)
- Una pizca de sal

Instrucciones:

1. En una cacerola pequeña, combina la leche de coco, la leche de almendras, el azúcar de coco, el extracto de vainilla y una pizca de sal. Mezcla bien.

2. Espolvorea el agar-agar en la mezcla de líquidos y revuelve para asegurarte de que no queden grumos.

3. Lleva la mezcla a ebullición a fuego medio-alto mientras revuelves constantemente. Una vez que hierva, reduce el fuego y cocina a fuego lento durante 2-3 minutos para asegurarte de que el agar-agar se disuelva completamente.

4. Retira la cacerola del fuego y vierte la mezcla en moldes individuales o en un molde grande según tu preferencia.

5. Deja que la panna cotta se enfríe a temperatura ambiente antes de refrigerarla durante al menos 2-3 horas, o hasta que esté completamente firme.

6. Una vez que la panna cotta vegana de vainilla esté firme, puedes desmoldarla si lo deseas o servirla directamente en los moldes.

7. Puedes decorar con frutas frescas, salsa de frutas o un poco de sirope de arce antes de servir.

Tips de Cocina:

- Asegúrate de usar agar-agar en polvo como agente gelificante en lugar de agar-agar en tiras. El agar-agar en polvo es más fácil de medir y usar.

- Si no tienes moldes para panna cotta, puedes usar tazas individuales o pequeños recipientes de vidrio.

Contenido Nutricional (por porción aproximadamente):

- Calorías: 260 kcal

- Grasa: 18g

- Carbohidratos: 22g

- Proteína: 2g

Esta panna cotta vegana de vainilla es una deliciosa alternativa libre de lácteos a la panna cotta tradicional. Tiene un sabor suave y a vainilla que seguramente disfrutarás. ¡Añade tus toppings favoritos y disfruta!

Tarta de Mousse de Chocolate y Frambuesa

Porciones: 8 porciones

Ingredientes:

Para la Base:

- 1 1/2 tazas de galletas veganas trituradas (pueden ser galletas de chocolate o galletas de avena)

- 1/4 taza de azúcar moreno

- 1/2 taza de margarina vegana derretida

Para el Relleno de Mousse de Chocolate:

- 1 1/2 tazas de chocolate negro vegano (troceado)

- 1 taza de leche de coco completa (la parte espesa de una lata de leche de coco)

- 1 cucharadita de extracto de vainilla

- Una pizca de sal

Para la Capa de Frambuesa:

- 2 tazas de frambuesas frescas o congeladas

- 2 cucharadas de azúcar

- 1 cucharada de agua

Instrucciones:

Para la Base:

1. Precalienta el horno a 180°C (350°F). Engrasa un molde para tarta desmontable de 9 pulgadas (23 cm) de diámetro.

2. En un tazón, mezcla las galletas trituradas, el azúcar moreno y la margarina derretida hasta que todos los ingredientes estén bien combinados.

3. Presiona la mezcla de galletas en el fondo del molde para tarta de manera uniforme.

4. Hornea la base en el horno precalentado durante 10 minutos. Luego, deja que se enfríe completamente.

Para el Relleno de Mousse de Chocolate:

5. En un tazón resistente al calor, derrite el chocolate vegano a baño maría o en el microondas en intervalos de 30 segundos, revolviendo entre cada intervalo hasta que esté completamente derretido y suave.

6. En una cacerola pequeña, calienta la leche de coco hasta que esté caliente pero no hierva. Luego, vierte la leche de coco caliente sobre el chocolate derretido y mezcla hasta que se combine de manera uniforme.

7. Agrega el extracto de vainilla y una pizca de sal a la mezcla de chocolate. Mezcla bien.

8. Vierte la mezcla de mousse de chocolate sobre la base enfriada en el molde para tarta. Refrigera durante al menos 2 horas, o hasta que la mousse de chocolate esté firme.

Para la Capa de Frambuesa:

9. En una cacerola pequeña, calienta las frambuesas, el azúcar y el agua a fuego medio. Cocina durante unos minutos hasta que las frambuesas se deshagan y la mezcla se espese ligeramente.

10. Deja que la capa de frambuesa se enfríe un poco antes de verterla sobre la mousse de chocolate en la tarta.

11. Refrigera la tarta durante al menos 1 hora más antes de servir.

Tips de Cocina:

- Puedes decorar la tarta con frambuesas frescas, ralladura de chocolate vegano o crema batida vegana antes de servirla.

- Asegúrate de que la leche de coco utilizada para la mousse sea la parte espesa y cremosa de una lata de leche de coco refrigerada.

Contenido Nutricional (por porción aproximadamente):

- Calorías: 450 kcal

- Grasa: 27g

- Carbohidratos: 47g

- Proteína: 4g

Esta tarta de mousse de chocolate y frambuesa es un postre delicioso y elegante que impresionará a tus invitados. La combinación de sabores ricos y frutales es irresistible. ¡Disfrútala en ocasiones especiales!

Helado de Menta Vegano

Porciones: Aproximadamente 4 porciones
    Ingredientes:
    - 2 tazas de leche de almendras (u otra leche vegetal)
    - 1 taza de hojas de menta fresca
    - 1/2 taza de azúcar de coco o azúcar de caña integral
    - 1 lata (400 ml) de leche de coco completa (la parte espesa)
    - 1 cucharadita de extracto de vainilla
    - Una pizca de sal
    - Colorante vegetal verde (opcional)
    - Chips de chocolate veganos (opcional, para mezclar en el helado)

Instrucciones:

1. En una cacerola, calienta la leche de almendras a fuego medio hasta que esté caliente pero no hierva. Luego, agrega las hojas de menta fresca y retira la cacerola del fuego. Deja que las hojas de menta se infusionen en la leche caliente durante unos 15-20 minutos. Después, retira las hojas de menta y permite que la leche se enfríe.

2. En un tazón grande, mezcla la leche de coco completa, el azúcar de coco, el extracto de vainilla y una pizca de sal. Mezcla bien hasta que el azúcar se disuelva completamente.

3. Una vez que la leche de almendras infusionada con menta esté a temperatura ambiente, agrégala a la mezcla de leche de coco y revuelve hasta que estén bien combinadas.

4. Si deseas un color verde más vibrante en el helado, puedes añadir unas gotas de colorante vegetal verde y mezclar hasta obtener el tono deseado.

5. Vierte la mezcla en una máquina para hacer helados y sigue las instrucciones del fabricante para hacer el helado. Si no tienes una máquina para hacer helados, puedes verter la mezcla en un recipiente apto para congelador y congelarla, removiendo cada 30 minutos durante 2-3 horas para evitar la formación de cristales de hielo.

6. Si lo deseas, justo antes de que el helado esté completamente congelado, puedes agregar chips de chocolate veganos y mezclarlos en el helado.

7. Una vez que el helado esté listo, sírvelo en copas o conos y disfruta.

Tips de Cocina:

- Si prefieres un helado de menta más suave, puedes ajustar la cantidad de hojas de menta según tu preferencia personal.

- El colorante vegetal verde es opcional, pero le da al helado un aspecto más característico de menta.

Contenido Nutricional (por porción aproximadamente, sin chips de chocolate):

- Calorías: 250 kcal

- Grasa: 17g

- Carbohidratos: 23g

- Proteína: 2g

Este helado de menta vegano es una deliciosa y refrescante opción para disfrutar en cualquier momento. ¡Es perfecto para los amantes de la menta y es apto para veganos!

Tarta de Tofu y Limón Vegana

Porciones: Aproximadamente 8 porciones

Ingredientes:

Para la Base:

- 1 1/2 tazas de galletas veganas trituradas (pueden ser galletas de avena o galletas de almendra)

- 1/4 taza de azúcar de coco o azúcar de caña integral

- 1/2 taza de margarina vegana derretida

Para el Relleno de Tofu y Limón:

- 1 bloque (14 oz o aproximadamente 400 g) de tofu firme, escurrido y seco

- 1/2 taza de azúcar de coco o azúcar de caña integral

- La ralladura y el jugo de 3 limones grandes

- 2 cucharaditas de extracto de vainilla

- 1/4 taza de aceite de coco derretido

- 2 cucharadas de almidón de maíz (maicena)

- Una pizca de sal

Instrucciones:

Para la Base:

1. Precalienta el horno a 180°C (350°F). Engrasa un molde para tarta desmontable de 9 pulgadas (23 cm) de diámetro.

2. En un tazón, mezcla las galletas trituradas, el azúcar de coco y la margarina vegana derretida hasta que todos los ingredientes estén bien combinados.

3. Presiona la mezcla de galletas en el fondo del molde para tarta de manera uniforme.

4. Hornea la base en el horno precalentado durante 10 minutos. Luego, deja que se enfríe completamente.

Para el Relleno de Tofu y Limón:

5. En una licuadora o procesadora de alimentos, coloca el tofu escurrido y seco, el azúcar de coco, la ralladura y el jugo de limón, el extracto de vainilla, el aceite de coco derretido, el almidón de maíz y una pizca de sal.

6. Mezcla todo a alta velocidad hasta que obtengas una mezcla suave y cremosa sin grumos.

7. Vierte la mezcla de tofu y limón sobre la base enfriada en el molde para tarta.

8. Hornea en el horno precalentado durante 25-30 minutos, o hasta que el centro de la tarta esté firme.

9. Deja que la tarta se enfríe a temperatura ambiente y luego refrigérala durante al menos 2 horas antes de servir.

Tips de Cocina:

- Puedes decorar la tarta con ralladura de limón, rodajas finas de limón o una pizca de azúcar glas antes de servirla.

- Asegúrate de escurrir bien el tofu y secarlo con una toalla de cocina para eliminar el exceso de humedad antes de usarlo en la receta.

Contenido Nutricional (por porción aproximadamente):

- Calorías: 350 kcal

- Grasa: 20g

- Carbohidratos: 35g

- Proteína: 6g

Esta tarta de tofu y limón vegana es una opción deliciosa y refrescante para disfrutar como postre o merienda. ¡Es perfecta para aquellos que buscan opciones veganas y sin lácteos!

Tortitas de Avena Veganas con Jarabe de Arce

Porciones: Aproximadamente 4 porciones

Ingredientes:

- 1 taza de harina de avena (puedes hacerla triturando avena en un procesador de alimentos)
- 1 cucharada de azúcar
- 2 cucharaditas de polvo de hornear
- Una pizca de sal
- 1 taza de leche de almendras (u otra leche vegetal)
- 1 cucharada de aceite vegetal
- 1 cucharadita de extracto de vainilla
- Jarabe de arce (para servir)
- Frutas frescas (opcional, para decorar)

Instrucciones:

1. En un tazón grande, mezcla la harina de avena, el azúcar, el polvo de hornear y una pizca de sal.

2. En otro tazón, mezcla la leche de almendras, el aceite vegetal y el extracto de vainilla.

3. Vierte la mezcla líquida en la mezcla de ingredientes secos y revuelve hasta obtener una masa homogénea. Si la masa está demasiado

espesa, puedes agregar un poco más de leche de almendras para obtener la consistencia deseada.

4. Calienta una sartén antiadherente a fuego medio y unta ligeramente con aceite o margarina vegana.

5. Vierte pequeñas porciones de masa en la sartén caliente para formar las tortitas. Cocina hasta que aparezcan burbujas en la superficie y los bordes estén dorados, luego voltea las tortitas y cocina el otro lado hasta que estén doradas y cocidas por completo.

6. Sirve las tortitas calientes con jarabe de arce y frutas frescas si lo deseas.

Tips de Cocina:

- Para hacer la harina de avena, simplemente tritura avena en un procesador de alimentos hasta obtener una consistencia similar a la harina.

- Mantén las tortitas calientes mientras cocinas el resto cubriéndolas con una toalla de cocina o manteniéndolas en un horno precalentado a baja temperatura.

Contenido Nutricional (por porción aproximadamente, sin jarabe de arce ni frutas):

- Calorías: 200 kcal
- Grasa: 5g
- Carbohidratos: 33g
- Proteína: 5g

Estas tortitas de avena veganas son una opción deliciosa y saludable para el desayuno o brunch. Puedes personalizarlas con tus ingredientes favoritos y disfrutarlas con jarabe de arce para un toque dulce.

Batido de Chocolate Vegano

Porciones: 1 batido

Ingredientes:

- 1 taza de leche de almendras (u otra leche vegetal)

- 2 cucharadas de cacao en polvo sin azúcar

- 1 cucharada de mantequilla de almendras o mantequilla de cacahuete

- 1 plátano maduro congelado

- 1 cucharadita de extracto de vainilla

- Endulzante al gusto (jarabe de arce, azúcar de coco o dátiles, opcional)

- Hielo (opcional, para una textura más espesa)

Instrucciones:

1. Coloca todos los ingredientes en una licuadora.

2. Mezcla a alta velocidad hasta que todos los ingredientes estén completamente combinados y el batido tenga una textura suave y cremosa.

3. Prueba el batido y ajusta el endulzante si es necesario, según tu preferencia.

4. Si deseas una textura más espesa, puedes agregar algunos cubitos de hielo adicionales y mezclar nuevamente hasta que estén bien incorporados.

5. Sirve el batido de chocolate vegano en un vaso alto y disfrútalo de inmediato.

Tips de Cocina:

- Puedes personalizar tu batido de chocolate vegano agregando ingredientes adicionales como espinacas frescas para obtener un batido verde de chocolate o una cucharada de proteína en polvo vegana para un impulso proteico.

- Añade el endulzante con precaución, ya que el plátano maduro aporta dulzura natural al batido. Ajusta según tus preferencias personales.

Contenido Nutricional (por porción aproximadamente, sin endulzante adicional):

- Calorías: 250 kcal

- Grasa: 11g

- Carbohidratos: 35g

- Proteína: 5g

Este batido de chocolate vegano es una deliciosa opción para satisfacer tus antojos de chocolate de manera saludable. ¡Es perfecto como desayuno o merienda!

Galletas de Chocolate con Nueces Veganas

Porciones: Aproximadamente 12 galletas

Ingredientes:
- 1 taza de harina de trigo integral
- 1/4 taza de cacao en polvo sin azúcar
- 1/2 cucharadita de bicarbonato de sodio
- 1/4 cucharadita de sal
- 1/2 taza de azúcar de coco o azúcar de caña integral
- 1/4 taza de aceite de coco derretido
- 1/4 taza de leche de almendras (u otra leche vegetal)
- 1 cucharadita de extracto de vainilla
- 1/2 taza de nueces picadas
- 1/2 taza de chips de chocolate veganos

Instrucciones:

1. Precalienta el horno a 180°C (350°F) y coloca papel pergamino en una bandeja para hornear.

2. En un tazón grande, mezcla la harina de trigo integral, el cacao en polvo, el bicarbonato de sodio y la sal.

3. En otro tazón, mezcla el azúcar de coco, el aceite de coco derretido, la leche de almendras y el extracto de vainilla hasta que estén bien combinados.

4. Vierte la mezcla líquida en los ingredientes secos y revuelve hasta obtener una masa homogénea.

5. Agrega las nueces picadas y los chips de chocolate vegano a la masa y mezcla bien para distribuirlos de manera uniforme.

6. Con una cuchara para helado o las manos húmedas, forma bolas de masa y colócalas en la bandeja para hornear preparada. Aplana ligeramente cada galleta con la parte trasera de una cuchara.

7. Hornea en el horno precalentado durante 10-12 minutos, o hasta que las galletas estén firmes al tacto.

8. Retira las galletas del horno y déjalas enfriar en la bandeja durante unos minutos antes de transferirlas a una rejilla para que se enfríen por completo.

Tips de Cocina:

- Puedes personalizar estas galletas añadiendo ingredientes como chispas de menta vegana, pasas o incluso chiles secos para un toque picante.

- Si no tienes aceite de coco, puedes usar aceite vegetal neutro en su lugar.

Contenido Nutricional (por galleta aproximadamente):

- Calorías: 150 kcal

- Grasa: 9g

- Carbohidratos: 16g

- Proteína: 2g

Estas galletas de chocolate con nueces veganas son una deliciosa opción para disfrutar como merienda o postre. Son perfectas para los amantes del chocolate y aptas para veganos. ¡Disfrútalas!

Barras de Granola Veganas

Porciones: Aproximadamente 12 barras

Ingredientes:

- 2 tazas de avena integral
- 1 taza de frutos secos picados (nueces, almendras, o tu elección)
- 1/2 taza de semillas de chía
- 1/2 taza de copos de coco sin azúcar
- 1/2 taza de pasas o arándanos secos
- 1/2 taza de jarabe de arce o sirope de agave
- 1/4 taza de mantequilla de nueces (almendras, cacahuetes, etc.)
- 1 cucharadita de extracto de vainilla
- Una pizca de sal

Instrucciones:

1. Precalienta el horno a 180°C (350°F) y forra un molde cuadrado o rectangular con papel pergamino, dejando un exceso de papel en los lados para facilitar la extracción de las barras.

2. En un tazón grande, combina la avena, los frutos secos picados, las semillas de chía, los copos de coco y las pasas o arándanos secos. Mezcla bien los ingredientes secos.

3. En una cacerola pequeña, calienta el jarabe de arce o el sirope de agave junto con la mantequilla de nueces y el extracto de vainilla a fuego medio. Revuelve hasta que la mezcla esté suave y todos los ingredientes estén bien combinados.

4. Vierte la mezcla líquida sobre los ingredientes secos y revuelve hasta que todo esté completamente mezclado y todos los ingredientes secos estén cubiertos.

5. Transfiere la mezcla a tu molde preparado y presiona firmemente con la parte posterior de una cuchara para que quede compacta y uniforme.

6. Hornea en el horno precalentado durante 20-25 minutos o hasta que las barras estén doradas en los bordes.

7. Retira del horno y deja enfriar en el molde durante unos minutos antes de usar el papel pergamino para levantar las barras y colocarlas sobre una rejilla para que se enfríen por completo.

8. Una vez que las barras de granola estén completamente frías, córtalas en barras del tamaño que desees.

Tips de Cocina:

- Puedes personalizar estas barras de granola agregando ingredientes como chips de chocolate veganos, frutas deshidratadas, o especias como canela o cardamomo.

- Presiona firmemente la mezcla en el molde para que las barras se mantengan unidas después de enfriar.

Contenido Nutricional (por barra aproximadamente):

- Calorías: 200 kcal

- Grasa: 9g

- Carbohidratos: 27g

- Proteína: 5g

Estas barras de granola veganas son ideales como bocadillo o desayuno sobre la marcha. ¡Disfruta de la energía que te brindan!

En este viaje culinario a través de 30 recetas de postres veganos, hemos explorado un mundo de sabores, texturas y creatividad en la cocina. Cada receta ha sido cuidadosamente seleccionada para brindarte delicias dulces que no solo son deliciosas sino también amigables con los animales y el planeta.

Esperamos que hayas disfrutado de preparar y degustar estas deliciosas creaciones tanto como nosotros disfrutamos al crearlas para ti. Las opciones veganas son infinitas, y con un poco de imaginación, es posible transformar los ingredientes naturales en postres exquisitos y saludables.

Ya sea que seas un chef experimentado o un principiante en la cocina, hemos diseñado estas recetas para que cualquiera pueda crear deliciosos postres veganos en la comodidad de su hogar. Además, no solo satisfacen tu paladar, sino que también son más amigables con el medio ambiente y respetan la vida animal.

A medida que concluyes este libro, te invitamos a seguir explorando el mundo de la cocina vegana. ¡No hay límites para lo que puedes lograr y descubrir en la cocina vegana! Ya sea que lo hagas por razones éticas, de salud o simplemente por el amor a la buena comida, la cocina vegana tiene algo para todos.

Gracias por unirte a nosotros en este viaje. Esperamos que estas recetas se conviertan en tus favoritas y que continúes experimentando con nuevas ideas y sabores en tu camino hacia un estilo de vida más compasivo y saludable.

¡Que tu viaje culinario siga siendo dulce, saludable y lleno de sabor!

Don't miss out!

Visit the website below and you can sign up to receive emails whenever BDM publishes a new book. There's no charge and no obligation.

https://books2read.com/r/B-A-UZKJ-LYDPC

BOOKS 2 READ

Connecting independent readers to independent writers.

www.ingramcontent.com/pod-product-compliance
Lightning Source LLC
Chambersburg PA
CBHW020643160726
47991CB00003B/1007